मन का आकाश

शाहनवाज़ अहमद

उन दोस्तों के नाम जो जीवन में हमेशा प्रोत्साहित करते रहे

और कुछ खास करने के लिए प्रेरित भी,

उन युवा साथियो के लिए जो मन में निश्चल भाव और संकोच रखते

हुए स्वयं को अभिव्यक्त करने का साहस नहीं कर पाते,

सृष्टि में जन्म देनेवाली माँ मनौअर खातून और पिता हाशिम अंसारी,

परिवार, भाइयों के लिए जो जीवन के हर मोड़ पर साथ खड़े मिलते हैं

और पत्नी रूमी,बेटा रेहान व बेटी आयेज़ा को जिनके बिना मैं स्वयं
अधूरा हूँ ||

क्रम-सूची

क्रम-सूची

क्रम-सूची

प्रस्तावना

युवाकाल में जो आपके अनुभव होते हैं उनको कलम की स्याही में पिरोकर उतारने का एक जूनून से होता है और जब अल्फाज आपके साथ-साथ चलने लगे तो खुद बखुद वो कविता के रूप में अभिव्यक्त होने लगते हैं | आपके जज्बात को व्यक्त करने में, ये कविता आपकी सहेली बन जाती है और न केवल आपके जीवन संघर्षों को बयान करती है बल्कि समाज के बहुतेरे आयामों को भी परिलक्षित करती हैं |

इसी परिपेक्ष्य में बिहार में जन्मे प्रतिभावान उत्कृष्ट युवा कवि, शब्दों को पिरोने की नैसर्गिक प्रतिभा रखनेवाले, प्रखर संवेदना के धनी, सुगम अभिव्यक्ति से अपने चाहने वालों के दिल में उतर जानेवाले शाहनवाज़ अहमद, धीरे-धीरे काव्य जगत में अपनी पहचान स्थापित कर रहे हैं | प्रस्तुत काव्य संग्रह "मन का आकाश" शाहनवाज़ अहमद का तीसरा काव्य संग्रह है, जिसमें पुराने काव्य संग्रह से अलग एक चेतनावादी सोच सम्मिलित है |

यह मेरा सौभाग्य ही रहा है की मैं प्रारम्भ से ही शाहनवाज़ की कविताओ का श्रोता रहा हूँ | इस काव्य संग्रह में कोरोना काल का एकाकीपन और युवा मन का संघर्ष, सामाजिक चारित्रण के साथ ही व्यक्ति की अभिलाषा और टूटते सपनों के साथ एक उम्मीद भी है जो समग्रता के साथ परिलक्षित होता है | भाषा हो या विषय का चयन दोनों पक्षों पर ये कविता संग्रह सुदृढ़ दिखाई देती है, साथ ही सहज भी | यह कहने में कोई दो राय नहीं कि शाहनवाज़ की कवितायें, मानव जीवन के प्रत्येक पहलू को बहुत ही संवेदनात्मक रूप में उभारने का प्रयास करती हुई दिखाई देती है |

वैचारिकता में उत्तम ये कविता-संग्रह हमारी सामाजिक सोच तथा व्यवस्था के निष्ठुरपन को भी बहुत हद तक प्रकट करती है | ये कवितायें यथार्थ को उभारती हुई मन मस्तिष्क को झिंझोड़ कर रख देने वाले समसामयिक विषयो के साथ मानवीय पहलूओ को भी अभिव्यक्त करने

का साहस रखनेवाली दिखाई देती है |

इस संग्रह में हमारे वर्तमान जीवन का संश्लेषण, जिज्ञासा, मानवीय भावनाओं को उद्धत करती विषयवस्तु तथा जीवन के हरेक पहलू की प्रखर प्रतिध्वनि भी है| मैं युवा कवि शाहनवाज़ अहमद को सम्यक अभिव्यक्ति के साथ गढ़ी हुई एक और सहज एवं समग्र काव्य संग्रह के लिए हार्दिक शुभकामना देता हूँ |

राज कुमार
भारतीय प्रशासनिक सेवा, बिहार

भूमिका

जब व्यक्ति के जीवन में हताशा, उदासी, उलझनें, व्यवस्था के प्रति खीझ होती है और व्यक्ति जब संवेदना के साथ जीवन के प्रत्येक पहलू को अपने कलम से उकेरने के लिए विवश हो जाता है तब एक-एक कर उसके आसपास का वातावरण भी उसे प्रेरित और प्रोत्साहित करता है |

कोरोना काल की विद्रूपताओं से आगे क्षोभ एवं आक्रोश की अग्नि में तपती हुई भावनाओं को एक सकारात्मक रूप देने की कोशिश "आशा की किरण" के माध्यम से की गई जिसमें महिला के संघर्ष, युवा मन की उत्कंठा के साथ-साथ समाज के नकारात्मक वातावरण के मध्य बिखरती व्यक्ति की अभिलाषा और टूटते सपनों के बीच एक उम्मीद को अभिव्यक्त करने का प्रयास किया गया है |

इसी कड़ी में व्यक्ति के जीवन में होनवाले उतार-चढ़ाव और दृष्टिकोण में होनेवाले बदलाव के बीच जीवन में जब व्यक्ति कभी-कभी ऐसी परिस्थिति में स्वयं को पाता है जहाँ उसे असमंजस, अनिर्णय, असहजता, अकर्मण्यता का सामना करना होता है ऐसी ही परिस्थितियों को सहजता के साथ अभिव्यक्त करने का प्रयास "दोराहे" में किया गया है |

'मन का आकाश' में अपनी दोनों काव्य संग्रह में रह गये अनछुए पहलूओ को भी समेटने का प्रयास किया गया है | मन का आकाश मानव जीवन के प्रत्येक पहलू को बहुत ही संवेदनापूर्वक रूप में उभारने का प्रयास करती है | इस संकलन की कवितायें न केवल यथार्थ को समेटे हुए है बल्कि इसमें व्यक्ति के जीवन में होनेवाले हरेक परिवर्तन को भी बहुत ही सलीके से उभारने का प्रयास किया गया है |

सुगम्य भाषा में हिंदी और उर्दू के शब्दों के मिश्रण से एक अलग ही स्वाद इस काव्य संग्रह में दिखाई देता है | इस संग्रह में सामाजिक-आर्थिक विषमता, भौतिकतावाद, उपभोक्तावाद, कल्याणवाद का मिला जुला स्वरूप, दिशाविहीन आक्रोश, वियोग, क्षोभ, विरह, प्रेम आदि सभी इसमें शामिल दिखाई देते हैं |

पावती (स्वीकृति)

अपनी भावनाओं को कविताओ के रूप में अभिव्यक्त करने का साहस केवल एक व्यक्ति के प्रयास मात्र से ही सम्भव नही उसमे परिवार, शिक्षक, दोस्त, समाज आदि के योगदान को दरकिनार नही किया जा सकता है | यदि इनके योगदान के लिए दो पंक्तियाँ न हो तो उनके प्रति सम्मान का भाव परिलक्षित नहीं होगा |

मैं अपने माता-पिता का विशेष आभारी हूँ जिन्होंने अपने अनुभवों से मुझे हमेशा कुछ नया गढ़ने का साहस दिया ताकि मैं समाज के उन अनछुए पहलूओ को भी शब्दों में व्यक्त कर सकूं जिनसे लोग अभी भी अनभिज्ञ हैं |

मैं अपनी अर्धांगिनी रूमी (सादिया अंजुम) का अत्यधिक आभारी हूँ जो हर कठिनाई में मेरे साथ खड़ी होती है और मेरी कविताओ पर अपनी पहली प्रतिक्रिया देकर उसे और निखारने में भी मदद करती हैं | रेहान और आयेज़ा के बेबाक नटखटपन ने बचपन को उकेरने की सोच दी इसके लिए उन्हें भी प्यार -दुलार |

मैं आभारी हूँ अपने भाइयों का जिनके शाश्वत सम्बल, आलोचनात्मक विश्लेषण से मुझे अपनी गलतियों को सुधारने का मौका मिलता रहा जिसके कारण धीरे-धीरे मेरी रचनाओं में शब्दों का बिखराव कम होने लगा हैं |

उन सभी मित्रों विशेषकर विनोद, रवि, ततहीर, शौकत, आनंद, प्रमोद जी का भी आभार जिन्होंने जीवन के संघर्ष में हमेशा मुझे कुछ नया करने को प्रेरित किया |

मैं अपने कार्यालय के सहकर्मियों विशेषकर प्रशांत लाल, सुनील जी, रणजीत जी, प्रणव जी, अरुण जी, रब्बानी जी, सुशील जी पूनम जी, निखिल जी का भी शुक्रगुजार हूँ जिन्होंने हमेशा मुझे अपनी लेखनी के लिए समय निकलने के लिए प्रोत्साहित किया और इसमें हरसंभव सहयोग भी किया |

मैं कृतज्ञ हूँ बड़े भाई राजकुमार जी का जिन्होंने हमेशा मेरा मनोबल बढाया और उनके जीवन संघर्षो तथा अनुभवों ने भी मुझे अपनी कविताओं को सहेजने में प्रेरित और प्रोत्साहित किया |

नोशन प्रेस प्रकाशन समूह का भी आभारी हूँ जिन्होंने इस संकलन को आकर्षक एवं मूर्त रूप प्रदान कर प्रबुद्ध पाठको के लिए प्रस्तुत किया है |

"मन का आकाश" और इसमें निहित 50 कविताओं को मैं अपने सभी प्रबुद्ध पाठकों को समर्पित करते हुए आशा करता हूँ कि मेरी रचनाये आपको पसंद आयेंगी और आप सबका भरपूर आशीर्वाद मुझे भविष्य में नई रचनाओ को गढ़ने के लिए और प्रोत्साहित करेगा |

1. मन का आकाश

चलो आकाश से एक तारा तोड़ लाते हैं,
अपने चाँद को उसके साथ लाते हैं,
जिन बस्तियों में अंधेरा फैला हुआ है,
वहां खुशियों का नया सबेरा लाते हैं |
जीवन के बाग में खुशियों की पौध लगाते हैं,
जो कांटे ऊग आये हैं उन्हें दूर हटाते हैं,
अमन और शांति की चलो बात बताते हैं,
चलो आकाश से एक तारा तोड़ लाते हैं |
जो दूर हो गए थे कभी उन्हें पास बुलाते हैं,
चलो आकाश से एक तारा तोड़ लाते हैं,
टूटी हुई आस लिए जो मायूस बैठे हैं,
चलो उनमें जीने की नई उम्मीद जगाते हैं |
टूटे हूए दिलों में जो रुश्वाईयों का अंधेरा फैला है,
उनमें विश्वास के लौ जला चांदनी सी लाते हैं ,
चलो आकाश से एक तारा तोड़ लाते हैं |

2. आधी काया

साथ बिना जिनके जीवन का चक्र है अधूरा,
सिमटी रहती हैं हर पल, खुले न कभी मन से वो पूरा,
सपने जो देखती है दिल में ही दफ़न रह जातें है,
वो सहमी सी है, अपनी बात भला कहाँ बता पाती है |
सिसकियों में,चीखों में घबराई सी वो आती है,
टूटे हुए अरमान लिए, वो खुद में डूब जाती है,
जिन्दा है, मगर जिन्दा नहीं,साँस बस ठहरने को आती है,
आँखों से आंसू, बहा अपने गम आँचल में छुपा जाती है |
परवाह उसे अपनी नहीं, अपनों की केवल होती है,
स्नेह जिसकी बातों में, आँचल में धीरज वो ढोती है,
सहनशीलता है जिसका गहना, त्याग की अपरम मूरत है,
माँ, बहन, पत्नी और बेटी के रूप में सृष्टि की पूरी सूरत है |

3. उजाला

उसने पल में ही आकर मेरी दुनिया को रौशन कर दिया,
जो दिल वर्षों से वीरान था अपने तबस्सुम से उजाला कर दिया |
अपनी यादों के भरोसे छोड़ मुझको रुसवा कर दिया उसने,
वफ़ा का सिला मिला ऐसा के भीड़ में भी अकेला कर दिया |
जिसकी फितरत में ही फितना, फसाद और बेशर्मी थी छुपी हुई,
उसने अमन के बाजार को भी मंदिर, मस्जिद शिवाला कर दिया |
फांकाकशी में गुजर रहे हैं दिन और रात अब तो मुसलसल यहाँ,
हक छिनकर रहनुमाओं ने गरीबो का मुश्किल निवाला कर दिया |
जिंदगी में जिस शख्स ने दो पल भी इज्जत नहीं बक्शी थी कभी,
उसको ही अपना मान कर,अपनी हर मिल्कियत हवाले कर दिया |
मिट्टी से उन्सियत थी इतनी कि कभी मुल्क से बरहम न हुए,
रोजी-रोटी की खातिर, खुद अपने घर में बेवजह ताला कर दिया |
याद रखेगी दुनिया तेरी कुर्बानियों को ता क़यामत तक "शाह "
वतन के नाम पर अपना जान-व-तन सारा केवाला कर दिया |

4. अमन की हवा

आखिर कब तक यूं ही सियासत में ये ग़दर चलेगी
हवाओं में धर्म की हवा आखिर कब तक यूं ही बहेगी
ये नफरत के शोले क्या किसी का घर भी जानते हैं
ये कहाँ भला भगवा और हरा रंग पहचानते हैं |
ये मंदिर भी हमारा है ये मस्जिद भी हमारा है
फिर आखिर खुदा का किसने किया ये बंटवारा है
यहाँ तो हर दरो-दिवार पर राम और रहीम के कशीदे भरे हैं
कहीं मीरा की तान सरीखे तो कहीं मीर की गजलें लिखी हैं |
हमेशा रहे हैं एक आँगन में ये हमनवां दोनों
तो फिर ये फासला कब तक और ये दूरियाँ कैसी
चलों अमन का पैगाम लेकर "शाह" फिर से सुनाया जाय
जहाँ नफरत की दीवार खडी न हो सके ऐसा शहर बसाया जाय |

5. पापा ही तो हैं

मेरा वजूद है जिससे, जिसने मुझे पहचान दी
मैं तो बस एक कतरा भर ही बमुश्किल से था
मुझे खुद से जोड़कर जिसने मुझमें अपनी जान दी
पापा ही तो हैं जिन्होंने मेरे सपनो को नई उड़ान दी |
मेरे नन्हे पैरों ने कदम बढ़ाये जिसके विश्वास पर
जिनके भरोसे पर मैं किसी से भी लड़ आता हूँ
पॉकेट खाली ही हो सही पर मुझे अपनी आन दी
पापा ही तो हैं जिन्होंने मेरे सपनो को नई उड़ान दी |
मेरे सर पर हाथ रख मुझे हौसला दिया हर बार
जब भी मैं गिरा,हाथ बढ़ा कर मुझे थाम लिया
सीने से लगाकर हिम्मत और कोशिशों को मान दी
पापा ही तो हैं जिन्होंने मेरे सपनो को नई उड़ान दी |

6. नसीब

मेरी मोहब्बत को एक खुशनुमा एहसास दे जाना,
गर मैं रास्ता भटक जाऊ तुम मुझे आवाज दे जाना,
अपनी अदाओं, अपनी वफ़ाओं से ऐतबार जताकर,
मेरी उम्मीद बनकर तुम मुझे खुशियाँ हजार दे जाना |
तुम रहनुमा बनकर आये थे मेरी जिंदगी में,
बहुत खास बनकर समा गये थे मेरी जिंदगी में,
कुछ बात अलग थी तुम में , बड़ी देर से था हमने जाना,
तेरे इश्क को हमने धीरे-धीरे से किश्तों में था पहचाना |
तेरे लिए ही सब है, तेरा ही है ये आशियाना,
तेरी जुस्तजू में खोया हर पल ढूंढता है, तेरा दीवाना,
थोडा करम तो फरमा दे उस पर, अब तो छोड़ दे आजमाना,
मौत तो उसका नसीब है, उस पर बेदर्द ये जमाना |

7. बेबसी

तेरी बेबसी मेरा मुक़द्दर तो न थी,

तेरी बेरुखी ने रुसवा किया हर कदम,

तेरे एहसान तले जिंदगी थी दबी मेरी,

तेरी स्याह निगाहों ने बेदम किया हर कदम |

तेरी बेपरवाहियो ने मुझको अकेला कर दिया,

हालात ने तुझे ऐसा बदला कि मुझसे बेगाना कर दिया,

फिर भी तेरी ये सादगी ये मासूमियत कमाल रही हमदम,

नजर फेर लेने वाले फरेबी तू सवाल रहा हरकदम |

किसी और का होकर, खेलते रहना तेरी निस्बत थी बेरहम,

तेरी फितरत में थी बेवफाई तो क्यों बनाया मुझे अपना सनम,

वीरान हुआ मेरा दिल, ख्वाहिशो ने भी तोड़ दिया दम,

ख्वाब टूटा हसीन मेरा, हकीकत से सामना हुआ हरकदम |

8. बातें करें न कोई

मुझसे तेरे लबो -रुक्सार की बात करे न कोई,
वो महज दिखावा था, प्यार की बात करे न कोई |
जब उसकी निगाहों से कभी नजरें मिली ही नहीं,
फिर उनसे आँखे चार होने की बातें करे न कोई |
हम तो अमन पसंद लोग हैं,अमन ही पहचान हमारी,
कह दो दुश्मनों से, बेवजह तकरार की बात करे न कोई |
यहाँ तो रोज बातें बटवारे की करते हैं लोग फरीक,
अपने मुल्क से चले जाने की बात रोज करे न कोई |
ये चमन मेरा भी है, ये वतन तेरा भी है,
फिर बेवजह बातें उस पार-इस पार की बातें करें न कोई |
जो लोग शिकवों-शिकायतों में लगे रहते हैं मुसलसल,
यहाँ वो इमान और ज़मीर की बात करे न कोई |

9. उधेड़बुन

हम ने माना कि थोड़ी तकलीफ भी होगी हमें,

पर हमने मगर सितम का उनवान तो नहीं किया था,

लफ्जों की कैफियत भी तो नहीं थी ऐसी,

कि हम ये मान बैठते कि रकीब आ गया |

चाँद के दीदार की ख्वाहिश थी हमें,

किसी ने चराग जला सामने रख दिया,

नींद भी तो कही खो सी गई है,

रात तो करवटें गिनते कट रहे हैं |

आँखों में उम्मीद की उधेड़बुन सी है,

पर होटों पर खुशी की लाल सुर्खी चमक सी रही है,

अब तो बस नजरे -इनायत हो अगर उनका,

तो बुझे दीपक में भी उजाला हो जाये |

करम अपने ही साथ होते हैं बाकि सब छलावा है,

ये दुनिया थोड़ी हकीकत है थोडा फ़साना है,

तुम बन के नजीर "शाह " हिम्मत बढा दो उनकी,

कर सकें मुश्किलों का सामन। ऐसी नियत बना दो उनकी |

10. राह

मंजिल पाने की जद्दोजहद में दूर निकल आये हैं ,

ख्वाईश ही ऐसी है की मेरे पर निकल आये हैं |

बहते हुए पानी की सिफत चलते जाने की है,

राह में आये पर्वत से लड़ के हम आये हैं |

ये मजबूरी है हमारी कि हम रुक नहीं सकते हैं,

तूफ़ान से टकरा कश्ती को साहिल तक लेकर हम आये हैं |

तेरी राह में कांटे बिछे थे हर कदम,

तेरी सेज को फूलों से सजा के हम आये हैं |

इश्क की राह में वफ़ा आसान तो न थी,

दिल के जज्बात आँचल में समेटे हम आये हैं |

गिराकर चंद अशरफिया राहों में देखते हैं,

किसके इमान में खलल डाल के हम आये हैं |

11. वक़्त में मैं

जीवन के हर लम्हे की अपनी ही बात होती है,

किसी के साथ कभी किसी की बात होती है,

किसी के सुख में किसी के दर्द की बात होती है,

किसी के हार में ही किसी के जीत की बात होती है |

तुम अपने दामन में खुशी की सौगात समेटते चलना,

राह में गम भी आये तो उनकी यादों को बटोरते चलना,

दर्द हो गर फिर भी खुद को खुद ही संभाले रखना,

अपनी आँखों में उम्मीद का चिराग तुम जलाए रखना |

जो थे कभी दर्द का सबब आज खुशियों का बहाना बनकर आये हैं,

आँखों में थी हसद की चमक वो आज रुखसार बनकर आये हैं,

वक़्त ने बदली करवट की आज दुश्मन भी दोस्त बनकर आये है,

अंधेरो की निशबत रखनेवाले, उजालो का सबब बनकर आये हैं |

वक़्त देता है सबक सबको हर पल नई बात बता जाता है,

किसी को धूल में तो किसी को आसमान की पहचान बना जाता है,

किसी के जख़्मो पर मरहम बन राहत दे जाता है,

वक़्त ही तो है जो पल में राजा को फ़क़ीर भी बना जाता है |

टूट जाते हैं तमाम रिश्ते वक़्त के थपेड़े सहकर,

गम की स्याही से मैं आज खुशियों की रौशनाई बिखेरने आया हूँ,

मैं तुम्हारा मुस्तक़्बिल भी हूँ मैं तुम्हारा माज़ी भी हूँ,

मैं वक़्त हूँ तुम्हे वक़्त में तुम्हारी परछाई दिखने आया हूँ |

12. वही अपने है

अपने वही हैं जो दुःख में साथ निभाते है,
खुद के गम भुला दूसरों को गले लगाते हैं ।
यहाँ तो किसी के काम आकर जताने का चलन खूब है,
वही अपने हैं जो एहसान के परे साथ आते हैं ।
जख्म देकर उफ्फ भी नहीं करते हैं लोग यहाँ,
वही अपने हैं जो जख्म पर मरहम की तरह लगते हैं ।
दुश्वारियो में किसी को देखकर, आजमाना फितरत है,
वही अपने हैं जो वक़्त पर किसी के काम आते हैं ।
दूर रहकर, करीब होने का दिखावा करते हैं फरेबी,
वही अपने हैं जो मुसलसल एक ही रंग रखते हैं ।

13. हवा का रुख

अगर चेत जाते, कुछ कर हम गुजर आते,
हवाओं का रुख गर थोड़ा भी हम समझ पाते,
तो ना दिखती ये धधकती शमशाने,
ना दिखती कब्रों की उधवारे |
वो तैरती हुई लाशें,ठहरती हुई सांसे,
अपनों को बचाने की जद्दोजहद और उनकी टूटती हुई आस,
वो सड़कों पर फैली सन्नाटे की चादर,
वो चीखते लोग और दूर सुनाई देती सिसकियाँ |
मन्दिरों की बन्द कपाट,
मस्जिदों के अजान की चुप्पी,
सिसकती हुई आँखों में कटती रातें,
आजीब सी ख़ामोशी के साथ होने वाली बातें |
चलो ढूंढ़ लाये वो पुरानी हलचल,
वो सड़को पर मचलना और बिना घबराये एक दूसरे से लिपटना,
वो नाजारों की रौनक, लोगों की आवाजों की खनक,
मुस्कुराते चेहरे जिनपर ना हो मास्क के पहरे |
कोशिश करे हो हर मुश्किल आसान,
दूर हो कोरोना और छायें खुशियों के बादल पूरा आसमान,
जीवन का ऐसा सच याद हमेशा है रखना,
करके कोई लापरवाही खो ना दे हम जीवन का सपना |

14. हसीन सौगात

तेरे लिए ही सजाई हमने सुहानी ये रात है,
फूल, खुशबू, चाँद, तारों के लिए ये हसीन सौगात है,
महफ़िल नुमाया हुई है अंजुमन में इस कदर,
किसी हसीना कि जैसे सजी हुई बारात है |
ख़ामोशी सी छाई है तेरी आँखों में गुजश्ता,
दिल की वादियों में आई घनेरी बरसात है,
तूफां में मौज ने कश्तियो से की है रुसवाई,
जैसे तेरी जुल्फों. की आरास्तगी ने बदले हालात हैं,
दिल की दिल्लगी ऐसी कि जिसपर आया उसी का हो गया,
मेरे माशूक तेरे इश्क में दीवानगी ही बस एक जज्बात है,
तेरे चेहरे पर जो सुर्खियाँ अर्श-ए-अज्मत.तलबदार है,
फूलों से खुशबू और कलियों से नाजुकी की मिली खैरात है |

15. हौसला

तेरी यादों को दिल से भुलाने को रखता हूँ हौसला,

गम-ए-जिंदगी को उम्र भर उठाने का रखता हूँ हौसला,

नफरत का बाजार सजा रखा है चारों और रकीबों ने,

प्यार बाँटने का भी दिल में रखता हूँ मैं हौसला |

तुम हिन्दू, तुम मुस्लिम, सोचों किसकी बातें अच्छी हैं,

सियासती शक की बुनियादों में अब किसकी रातें अच्छी हैं,

चिड़ियों ने भी छोड़ा मंदिर-मस्जिद का अपना पुराना घोंसला,

दिलो में दूरियाँ ऐसी बनी की खो गया प्यार लुटाने का हौसला |

न ऐतबार रहा, न दिल में वो पुराना प्यार रहा,

खोया खुलुश, खींच गई हैं नफरत की लकीरें ,

बढ़ा दिल का फ़ासला, हर कदम बेवजह बना है मसला,

कौन कहे हक़ की बातें, किसमें आँख मिलाने का है अब हौसला |

16. अँधेरा

है, अँधेरा घनघोर छाया,
खो गया है, हर अक्श तेरा,
तोड़कर क्षितिज की सारी बंदिशें ,
सूरज ने बिखेरा है प्रखर सवेरा |
बादलों की ओट से झांकती किरणें ,
नभ में मचलती हुई लालिमा,
पल में बिखर जाए व्योम की परछाइयाँ,
प्रकाश ने बिखेरा अंतरिम उजियारा |
ओस की बूंदे पड़ी है चाक ऐसे,
सतरंगी बनी है जीवनं की धारा,
बंधक बन बूत बना अँधेरा,
चहुओर मुस्काता प्यारा सवेरा |
मुक्त है आकाश सारा,
पंक्षियों उड़ान भरो,
लय ठहर न जाए देखो,
छा न पाये शाह” अब कहीं अँधेरा |

17. अटल

नम हैं आँखें फिर भी गर्व का अहसास है
उनके विचारो में लोकतंत्र का अटल विश्वास है
खो गया है कहीं देखो वो एक अनमोल मोती
पल पल ज़िनके विचारो विचारों से मिलती थी एक ज्योति |
चलो आज मिलकार हम गगन भेद डालें
नव उन्मुक्त होकर अटल को अटल बना डालें
कांधे से कांधे मिलाकर सोचा था कभी
उनके विचारोविचारों का एक नया हिन्दोस्तां बना डालें
सबको लिया साथ आपने, दी देश को अलग एक पहचान
भारत को दिलाया विश्व में अटलता और सम्मान
अकिंचन हुआ आज विचारों से देश अपना
अटल सो गए आज 'शाह' देखते हुए एक सपना |
हो पाक-भारत में एकता,ना हो जात धर्म की रार
देश में सबको मिले उन्नति,विश्वास,अधिकार और प्यार
करें आज मिलकार हम सब "शाह" ये एक प्रण
विचारों को उनके, हकीकत बना, करें ऐसा काम |

18. आँखों में बचपन

चलो ढूँढ लाये बचपन का वो जमाना

वो कागज़ की नाव, वो दौड़ते नंगे पाँव,

सपनो में आकाश छूने के भाव

वो बरगद की छावं, वो गोलगप्पे खाने का चाव

वो दोस्त जिनसे लड़ना फिर मिलना और फिर रूठ जाना

रोज रेत के नए महल बनाना, मिट्टी के घरौंदा को रौंदना

वो गुड्डे गुडियो की शादी, नींद में भी दोस्तों की यादें

माँ की डांट हो या पापा का गुस्सा,

फिर भी न छुटे दोस्त बने थे ऐसा हिस्सा

हम ही थे उस छोटी सी दुनिया के राजा

जिसमे थी परियों की रानी

दादा -दादी के किस्से और नाना-नानी की कहानी

न सुबह की फ़िक्र थी न शाम का ठिकाना था

स्कूल से थके आना फिर भी खेलने का होता बहाना था

खेल-खेल में दोस्तों से लड़ जाना था

पर ये रिश्ता फिर भी निभाना था

न रोने की कोई वजह होती थी न हसने का कोई बहाना

लट्टू, गोली, गिल्ली -डंडे, पिट्टो का फ़साना

वो कागज़ से कश्तियो का बनाना

और बिन पंख हवाओं में उड़ जाना

तोतली जबान में इतराना और

माँ की आँचल में शर्मा के सिमट जाना

चलो ढूँढ लाये बचपन का वो जमाना

19. आँचल

ये सितारा तेरे आँचल पर रौशन निखरता है
तेरी माँग में सजके आँखों में खूब उतरता है
भटक जाती हैं निगाहें तेरे हुश्नो-जमाल देखकर
इश्क में तेरी हरेक अदा का नजारा खूब लगता है
दिल में जज्बात उबलते हैं जब तेरी मोहब्बत के
कली का फूल बनकर निखरना खूब लगता है
ख्यालो में खोया रहता है वो हर पल मुसलसल
उसकी चाहत में रूहानियत सा असर खूब लगता है
गुजर जाती है रात की हर पहर यूं ही
शबनमी आँखों में झील का किनारा खूब लगता है
मोहब्बत में रूठने मनाने का सिलसिला जरुरी है
ये दिलों की पैमाइश का इदारा "शाह" खूब लगता है

20. फितरत

किसी के ग़मों की वजह जानना आसान नहीं होता
जो बेवफा हो जाए उनकी फितरत पहचानना आसान नहीं होता ।
स्याह दिल में प्यार का चमन खिलाना मुश्किल है
दिल के दर्द का एहसास छुपाना आसान नहीं होता ।
रात भर तन्हाई में चाँद तारों में निहारता हूँ तुझे
तेरी यादों में बेसब्र हो रात काटना आसान नहीं होता ।
ख्वाहिश है कि उम्र भर तेरे कदम से कदम मिलाया जाय
दो पल भी तेरे बगैर अब गुजारना आसान नहीं होता ।
मजबूरी थी की जो माँ का साथ छोड़ दूर जाना पड़ा मुझको
बचपन का शहर छोड़ का यूं ही जाना आसान नही होता ।
लोग मुब्तला हैं जहाँ एक दुसरे की गीबत में मुसलसल
वहाँ अपना इमान पुख्ता बचाये रखना आसान नहीं होता ।

21. ख्वाहिशें

दिल में ख्वाहिशें ना हो तो फिर जिन्दगी क्या होगी
बस खामोश समुंदर की एक लहर के सिवा क्या होगी
सब बैठे हैं अपनी-अपनी बात पर पत्थर बनकर
तो क्या खाक आपस में मजाज-ए-खास होगी।
वो नाराज हैं हमसे, मगर खता क्या है वो जानते हैं
कोशिशें लाख की मनाने की, ना माने, वजह क्या है वो जानते हैं
ये जिन्दगी खोने और पाने के नाम के सिवा और क्या है
बस एक खाक है जिसको एक न एक दिन हवा में उड़ जाना है।
बारिश की बूंद से मिट्टी की किस्मत बदल जाती है
दिदारे हुस्न से आशिक की नजरें मचल जाती हैं
हमने देखा है उनकी याद में उन्हे आँसूं भी बहाते हुये
दिल हाथो में, काँधे पर सर रख कर मनाते भी हुये।
चलों जिन्दगी से जो सबक सिखा है हमने उसे अपना लें
बात से जो बात निकली थी उसे आंचल में अपनी छुपा लें
ये तो किस्सा है यहाँ हर किसी की जिन्दगानी का
आओ इसो "शाह" अपनी यादों के दरीचें में छुपा लें।

22. चिंगारी

वो चिंगारी है उसे थोड़ा और सुलगने दो,
उसकी आँखों में उदासी है, थोड़ा उसे और उबलने दो |
ख़ामोशी सी तारी है उसकी आँखों में आज,
इन्तकाम के शोलों को थोड़ा और भड़कने दो ||
देखा है उसने अपने सपनों को बिखरते हुए,
अपनों को अपनों की ही लाशो को रौंदते हुए |
दिल में दर्द का गुबार लिए सिसक रही है आज,
उसे अपने ग़मों के साथ थोड़ा और करीब हो लेने दो ||

23. ज़ज्बात

दिल में तेरे एहसास का बहता सागर रोके नही रुकता,
जो जज्बात दफ़न हैं मेरे सीने में रोके नहीं रुकता |
सितमगर जमाना चाहे सितम कितने भी कर ले,
मोहब्बत की सिफ़त ऐसी है कि रोके नहीं रुकता |
नफरत को फ़ैलाने वाले तो यहाँ हर बाजार में खड़े हैं,
सोहबत का असर है प्यार देना, जो रोके नहीं रुकता |
कोई कितनी भी नुमाईश कर ले तेरी बेवफाई का,
तेरी वफाओं का बहता समन्दर रोके नहीं रुकता |
अपनी मोहब्बत की शोहरत भी दूर तलक फैलेगी,
वक्त की मुट्ठी में मुसलसल कोई भी मंजर रोके नहीं रुकता |
तेरे इश्क में हर कदम आजमाईश होनी है "शाह",
फिर भी दीवानगी ऐसी है की दिल रोके नहीं रुकता |

24. जीवन का सच

बीते दिन की बात करो ना तुम,
वर्तमान पर केवल विश्वास करो।
स्याह सोच का त्याग करो तुम,
मन में सत्य का भान करो।।
जिन पलों में मुस्कुरा सकते हैं ,
क्यों रुदन आलाप करें |
जीवन में सुख-दु:ख तो आनी जानी है,
कष्टों में क्यों विलाप करें।।
मन की हिम्मत कभी ना हारे हम,
मन में अटल विश्वास रहे|
मंजिल खुद पहुंचेगी तुम तक,
गर आँखो में उम्मीदे खास रहे।।
सोच सकारात्मक रखें ,संकल्पों के साथ रहे,
लक्ष्य कठिन भी हो पर स्वयं पर विश्वास रहे |
मंजिल खुद बखुद आपके करीब होगी,
गर दृढ निश्चय हो और अपनों का साथ रहे।।

25. माँ और मैं

माँ तेरी यादो में मैं खोने लगा हूँ
तेरी आँचल के पलकों में सोने लगा हूँ
कभी जो याद आई तेरी तो रोने लगा हूँ
नींद आई तो तेरी लोरी से सोने लगा हूँ
जो मैं गर रूठ जाऊ तो मुझे है तू मनाती
तू थक कर निढ़ाल हो तो भी मेरी थकान है मिटाती
जो मैं भूल जाऊ खाना तो अपनी हाथों से है खिलाती
हजार दुखड़े भी सहती है लेकिन तू कुछ नहीं है कहती
पेट मेरा भरे पूरा, इसलिए आधा पेट है तू सोती
रहे सलामत आँख का तारा सदा, अरमान है तेरा
करती हैं तू हर मुमकिन कोशिश, चाहे लाख हो तुझ पर पहरा
तेरी हर उम्मीद मुझसे शुरू होकर मुझपर ही खत्म होती है माँ
साथ तेरा न हो तो "शाह" की पहचान नहीं है कोई माँ
सर पर तेरा हाथ रहे हमेशा यह अरमान है मेरा
तू है जीवन में तो खुशियों से भरा संसार है मेरा

26. समय

क्यों हार कर बैठे हो, समय तो आनी जानी है
जीवन तो सुख और दुःख की अनकही कहानी है
तुम खुद पर विश्वास करो,ये रात तो बीत ही जानी है
उम्मीद के आँचल में सिमटी हर मानस की यही कहानी है
संयम रख, धीरज धरो यह समय अवश्य बदल ही जानी है
दुःख के बादल है छंटना, यह रीत सबको समझानी है
सुख का उजियारा लेकर सूरज को अवश्य है निकलना
नीत जीवन में परिवर्तन है होना सबने यह बात जानी है
उम्मीद के आँचल में सिमटी हर मानस की यही कहानी है

....

27. शहर

शहर दर शहर मैं भटकता रहा तेरी चाह में,
तूने देखा मुझे और बस किनारा कर लिया |
ये सोच कर मेरी आँखें भर आई इस कदर,
जिसे समझा था परछाई, उसने बेगाना कर दिया,
बड़ी मुश्किल से संभाला था खुद को मैंने,
उसकी बेपरवाही ने तनहा कर दिया मुझको |
सोचा कि अकेले ही आगे बढ़ जाऊ जिंदगी में,
उसकी यादों ने बार-बार पीछे धकेल दिया,
जिन रास्तों से भी गुजरा झलक आती है उसकी,
छोड़ आने के बाद भी महक आती थी उसकी |

28. तकब्बुर

क्यों कर तुम खुद को खुदा मानते हो,
अपनी हस्ती को सब से जुदा मानते हो।
तुम्हें किस बात का तकब्बुर है, जो इतरा रहे हो
बुलबुला सी औकात रख, सबको डरा रहे हो।
जिंदगी सबकी एक न एक दिन फना हो जानी है,
फिर भी ये गुमान, किस बात की नादानी है ।
चारों तरफ हसद, जवाल बेपरवाही है,
सबके दिल में डर अनजान, स्याही है।
छुपी हुई अदावत उभर के आ रही है,
बात छोटी सी है मगर सबको भा रही है,
उनकी एक एक अदा सब पर कहर ढा रही है,
फिर भी ना जाने क्यों वो याद आ रही है ।

29. आब

कौन सजाएगा पलक पर ख्वाब मेरे लिए
कौन बहायेगा आंखों से आब मेरे लिए
धीरे धीरे उसने मेरी सांसे ही छीन ली
दे गया नफरती तेवर बेखबर आके मेरे लिए।
जिंदगी ने हर मोड़ पर मुझसे सवाल किया है
आकर जिंदगी में उसने हर पल जवाल किया है
हसरत थी मेरी की बेपरवाह न हो पाऊं किसी से
उसने तो हर ख़ुशी मेरी पामाल किया है |
उसने तन्हाई को ही मेरा मुकद्दर बना डाला है
ग़मों को जिंदगी का अहद बना डाला है
वो ख्वाब में भी अब आने से घबराता है
उसने लहर को समुन्दर बना डाला है

30. दूरी

वो जो मेरे दिल के बहुत करीब था, अचानक से दूर हो गया,
साल का आखरी दिन है, अपनी बातों से वो मशहूर हो गया |
सुना था की वो सबसे अलग है, किसी की परवाह नहीं करता,
दिन हो रात हो किसी का ऐतबार नहीं करता |
वो फूल है ऐसा जो काँटों के बीच रहकर भी खुशियाँ बिखेरता है,
चाँद बनकर आसमान में, तारों के बीच भी अकेला ही निखरता है |
उसकी बातें को भूला पाना आसान नहीं था किसी के लिए,
वो हर महफ़िल में याद आता है अपनी छाप छोड़ जाने के लिए |
कुछ ख़ास है उसमे ,वो सबकी पसंद बनकर रहता है,
वो आब है, सुकून बनकर दिल में सबके वो उतरता है |

31. बर्फ

मुश्किलें आयेंगी सोच कर धैर्य खो रहा हूँ
आंखे बोझिल हैं, जागते हुए सो रहा हूँ
अपना अहम खोकर बर्फ हो गया हूँ
खुद में घुटन लिए थोड़ा थोड़ा सा रो रहा हूँ |
मुद्दते बीती अपनो के इंतजार में
अपनो को खोकर बेसहारा हो रहा हूँ
खुद के लिए नया बसेरा तलाशने की जिद में
डूबती हुई कश्तियों से ही किनारा ढूंढ रहा हूँ |
घूमता रहा रातों में चिराग लेकर
कहीं अमन का दानीश्वर ना मिला
खोज रहा हूँ अपने दामन में दाग ए सुखन
अपनी यादों के अलावा हमें कुछ भी ना मिला |

32. हसरत

रूठ जाने की फितरत नहीं थी मेरी,
आज रूठ जाने की ख्वाहिश रखता हूँ मैं
तुझसे बिछड़ने का सोचा नहीं था कभी
आज बिछड़ने की बात करता हूँ मैं |
जिसकी बातों से ही होती थी सुबह कभी,
जिसकी आँखों में होती थी खूबसूरत सी शाम
दूर जाने की हसरत लिए हुए हैं बैठा आज
पतझड़ सी हो गई हैं जिंदगी अपनी तमाम |
कभी नश्तर सा चुभोता है, कभी आंखों को डुबोता है,
अदा है ऐसी की हर आशिक के दिल में आह है
कल तक यादों में उनकी जो बेपरवाह हुआ करता था
वो आज तकिए को पूरी रात आंसुओ से भिंगोता है।

33. फन

दिलों का लूटने का फन कोई आपसे सीखे,
बिखरे गुलों को जोड़ने का फन कोई आपसे सीखे,
हमने तो सिखा है आपसे चाहत गैब-ए-तसव्वुर का,
नजर बिना मिलाये प्यार करने का हुनर कोई आपसे सीखे ||
किसको अपना हाल-ए -दिल बताया जाय,
किसकी बातों से अपना ये दिल बहलाया जाय,
कौन सुनेगा, किस्से हमारे दिल के टूट जाने का,
किसकी आँखों में देख अपने दिल को आजमाया जाय ||
चेहरे पर चेहरा लगाये घुमते हैं लोग यहाँ पर,
कैसे उनकी असली पहचान बताया जाय,
दिल तोड़ने वाले, रकीब बनके बैठे हैं,
कैसे फरेबी चेहरे से उनके नकाब ये हटाया जाय |

34. बेपरवाह

ख़ूबसूरत है नज़ारे, जरा नजरे तो उठाइये,
अपनी जुल्फों को झटक कर यू न इतराइये |
मौजे समंदर से टकराने को बेताब है,
कातिल, ये झील सी आंखे यू न झुकाइये |
सितमगर जमाने की परवाह किसे है भला,
साहिल से तूफानों का नजारा न कीजिए
सिफत इश्क की बेवफाई ही रह गई है,
चाहत में खुद को इतना बेसहारा न कीजिये |
रकीब बन के बैठे हैं महफिल में हर तरफ,
किसी की जान होकर खुद को आजमाया न कीजिए,
गवारा न हो गर "शाह" दिल का सलाम,
आंसू उल्फत के आँखों से बहाकर तारी न कीजिए |

35. बिगड़ी हुई रवायतें

कुछ बातें भी होंगी, कुछ शिकायतें भी होंगी,

फ़कत कुछ बिगड़ी हुई रवायतें भी होंगी,

सफ़र में गर निकल ही गए है राह अनजाने,

कुछ अजमतें भी होंगी, कुछ इनायतें भी होंगी |

सफ़र लम्बा है, मंजिल का पता नहीं,

नजर पलटी है, मगर खता क्या है, पता नहीं

चेहरे पर चेहरा लगाये यहाँ घुमते हैं सब,

किसकी नजर लगी है बुरी, पता नहीं |

बदल रही है आदतें भी, अज्लो अवाल देखकर,

मौसम भी खुश्क है, आज खुदले-आम- देखकर,

खरीद सको तो खरीद लो मेरे जख्मी जमीर को,

लगा दो उसपर भी टैग,"शाह" उसका उनवान देखकर |

36. उल्फत

तेरी उल्फत के पैरोकार बनके साथ बैठे है,
जो कल तक तेरे राजदार थे, वो आज मेरे साथ बैठे हैं,
तुझे किस बात का गुमां है, किस बात की शिकायत है,
तेरी हिक़ारत को भी, हम तेरी इनायत मान के बैठे हैं |
पलकों पर सजा के ख्वाब तेरी यादों के, बेचैन रहते हैं,
निगाहों में आब भरके ,खामोश बनके बेजार बैठे हैं,
तेरे दीदार की हसरत लिए भटकते थे, जो दर-बदर,
वो खुद को तेरी इस बज्म का शाहकार मान बैठे हैं |
लिखी जायेंगी पुरखुलुश, तेरी वफ़ाओ के किस्से "शाह",
नफरत में भी पैगाम मोहब्बत का देना फितरत है तुम्हारी,
छीन लेते है सब यहाँ अज्लों अवाल देखकर,
तेरे सितम की दास्ताँ उकेरने को, तेरे राजदार बैठे हैं |

37. हक़दार

अब तो जीना दुश्वार सा हो गया है,
यहाँ हर आदमी अब बीमार सा हो गया है |

जिसे पैदा किया जिसे सींचा ता उम्र हमने,
आज उस पर किसी और का इक्तादार हो गया है |

वो आज नजरे झुकाकर बगल से निकल जाता है,
क्योंकि उसके दिल का कोई और हक़दार हो गया है |

आखें नम है, भूख से बेहाल नजर आता है,
महंगाई से हर शख्श लाचार हो गया है |

झूठ हकीकत बना है, हर लब पर चुप्पी है,
हर बात पर हुक्मरान यहाँ पहरेदार हो गया है |

नया दौर है, मोबाइल ने रिश्तो को तार-तार किया है,
इस ज़माने में बच्चा भी बाप से होशियार हो गया है |

बस्तियां उजड़ रहे है,परिवार बिखर रहे हैं,
हर घर में सियासत का घर-बार हो गया है |

क्या कहें, किससे कहें, हर तरफ विरानियत छाई है,
सितमगर "शाह"अब हमारा निगाह्दार हो गया है |

38. सुहानी शाम

वो सुहानी शाम, फूलों की खुशबू और वो बेगानी शाम
ईश्क के आगोश में समाई हुई वो तुझसे पुरानी पहचान
गुजरते रात और दिन, वो फिसलती आसमानी शाम
तुझे देखने की चाहत और मचलते हुये दिल में अरमान ||
फासले मिटाने की कोशिशें और दिल में उमड़ते तूफान
नजरों से नजरों का मिलना और जज़्बातों भरी शाम
वो जिसकी यादों में काटी हमने अपनी पूरी उम्र तमाम
ख्वाब था के दिल में हो उनके अपना भी छोटा सा मकाम ||
साथ हो, बात हो और बीते ना कभी ये सुहानी सी शाम
ना कोई गिला, ना शिकवा, ना रहे कोई किसी से अंजान
रौशन रहे मोहब्बत की महफ़िल, रहे बेकरारी भरी ये शाम
साथ हो तेरा और यादों में कट जाये ये उम्र तमाम ||

39. नया दौर

ऐसी सियासत आखिर कब तक चलेगी,
हर काम में उनकी इजाजत कब तक चलेगी
खामोश तमाशबीन बन के बैठे हैं सब लोग हर तरफ
ऐसी कमजोर अदावत आखिर कब तक चलेगी |
कोई जुल्म करे और कोई उफ्फ भी न करे
ऐसी रिवायत आखिर कब तक चलेगी
वक़्त सब का हिसाब लेता है"शाह"
देखे ये नजरे इनायत आखिर कब तक चलेगी |

40. जिंदगी

मौत का गम नहीं, कुछ बातें ज़िन्दगी की आज कर लें
आओ मेरे हमदम, कुछ बातें सादगी की आज कर लें
थोड़ा माजीं की, थोड़ा मुस्तकबिल की बात कर लें
गम ना आये ज़िन्दगी में, खुशियों की बातें हजार कर लें
जब आ ही गए हैं इस अंजुमन में, तो नजरें चार कर लें
कुछ तुम कहो कुछ हम कहें यूँ ही रातें तमाम कर लें
थोड़ा प्यार, थोड़ा इंतजार और थोड़ा दीदार की बात कर लें
उम्मीद में कटी हैं पूरी रातें थोडी हुस्नो- ज़माल की बातें कर लें
कुछ तुम कहो कुछ हम कहें यूँ ही रात सारी तमाम कर लें

41. मुझे कुछ कहना है

कोई पूछे क्या होने को है, कोई जाने सत्य की भाषा,
जिसने न देखा हो पथ पथरीला उसके जीवन की क्या परिभाषा,
कोई इसे माने अपनी ही वाणी, कोई माने तेवर मनमाना,
संघर्षों में जिसने जीवन हो काटा उसकी एक ही है अभिलाषा|
कोई तो पूछे उसकी भी चाहत,कोई तो सींचें उसका भी जीवन,
उम्मीदों के पंख पर सवार हो उड़ जाने का हो उसका भी मन,
ख़ामोशी के पीछे छुपी है मेरी बातें, क्यों न समझे कोई मेरा मन,
तर्क वितर्क में है उलझे हैं सब, कौन उभारे हमारा जीवन |
मांग पड़ी जब अधिकार अपना, सब आँख तरेरे खड़े हो गए,
कोई पूछे कैसे हो जिन्दा, कोई पूछे क्यों नहीं लगाया फंदा,
सब की आँखों में अहम् है जिन्दा, समझे सब पिंजड़े का परिंदा,
तोड़ का हर पिंजड़ा उड़ जाउंगी, न ठहरुंगी, न अब घबराउंगी |
कठिनाइयो को पीछे छोड़, मैं अपनी जगह स्वयं बनाउंगी,
लाख रुकावटे खड़े हो चाहे "शाह"मैं अपनी बात बताउंगी,

42. हैसियत

मैं नहीं जानता की आपकी हैसियत क्या
नहीं समझता कि आपकी ऊँसियत क्या है |
मैं हर अल्फाज को करीने से गढता हूँ,
गर कोई बात ना हो तो दिल की बात करता हूँ |
कोई अफसानानिगारी नहीं मैं हक़ की बात करता हूँ,
जो दिल में आये मेरे वही से शुरुआत करता हूँ |
मैं तो बस ज़माने के आम-ओ-खास की बात करता हूँ,
खुलुश दिल में अपनों के लिए पैदा कर लेना "शाह " |
क्योंकि मैं मुफलिशी के दरिया को पार करने की बात करता हूँ,
जो बैठे हैं रास्तों पर उनको उठाने की बात करता हूँ |

43. माज़ी

जहाँ भी जाओ तुम,अपने माज़ी को याद रखना,
वजूद है जिनसे, उनकी निशानी को याद रखना |
जिन वादियों में बीता है तुम्हारे बचपन का हर पल,
उन वादियों में बिताये अहसास को याद रखना ||
दिल की बात सुनेगा कौन, चुप रहना ही बेहतर है,
गलियों की ख़ाक छानेगा कौन, चुप रहना ही बेहतर है |
अपनों की बात कहेगा कौन, चुप रहना ही बेहतर है,
ऐसे सपने बुनेगा कौन, चुप रहना ही बेहतर है ||
टूट रहे हैं रिश्ते सारे, फैला है दर्द का नश्तर,
दिल के जख्म भरेगा कौन, चुप रहना ही बेहतर है |
ख्वाहिश है अपनी दुनिया की हर बात बताऊँ,
पर इतनी सुनेगा कौन, चुप रहना ही बेहतर है ||

44. ख़त

खतों खुतूत के दिन गुजर गए हैं
अब तो वो शुरुर के दिन भी गुजर गए हैं
सिमट सी गई है जिंदगी मोबाइल के स्क्रीन तक
जो ठहरती है अनजानी आँखों से अनजानी आँखों तक |
ख़त में लिखे होते थे अरमान,रहती थी दिल की आशनाई,
करार दिल का,हुरुफो में उभरती बे और तन्हाई
हो जैसी पूरी दुनिया कागज के पन्नो में सिमट हो आई
जो कह न सके लब वो सब उभर कर कहती थी स्याही |
खुशी जो गुलाबो के पंखुडियो में सजे होते थे खतों में,
वो ग़मों में आंसू का कतरा बनकर नमी दे जाते थे
जिनके अरमान नहीं होते थे जाहिर उन्हें वो राह दे जाते थे
फलक दूर हो सही चाँद-तारें भी बाहों में समेट जाते थे

45. छल

हाथों में जिनके छालें हैं, सपनों से जिनको छला गया,
वो आज खड़े हैं सड़कों पर, लेकर मन में अपने व्यग्र बड़ा |
आँखों में जिनके अश्रु भरे, चेहरे पर तरुनाई का नाम नहीं ,
संघर्षों में गुजरी है हर रातें, फिर भी अब तक कष्टों से नाता है |
जीवन में जिनके वसंत न हो, रुदन अलापों से घिरे हैं वो
बाधाये राह में हो लाख सही, हो पथ पर चाहे शूल बिछे,
भाग्य विधाता स्वयं हैं वो, सीने में उनके गर्व का भान रहे,
सृष्टि के पालक हे भगवान्, कब तक कष्टों में ये प्राण रहे ||
संघर्षों में तपकर खड़े हो उसने हर कठिनाई को स्वयं झेला है
सूरज की तपिश हो या सर्द रातें, हर जगह खुद को पाया अकेला है
उम्मीदों में खोया था जो उसका बचपन यौवन भी तो कुम्हलाया है
हसरते सारी सिमट गई हर क्षण उसके चेहरे ने बस दहलाया है ||

46. मुझे कुछ कर जाना है

मुझे जीवन में कुछ कर जाना है
नीले आसमान में पंक्षी बन उड़ जाना है
साथ आपका मुझे ता उम्र निभाना है
ख्वाब जो देखें हैं उनकी ताबिर बनाना हैं
मुझे कुछ कर जाना है ....
सर्दी की रातों में, धूप में, बरसातों में
गावों की गालियों में, शहरों की रंगरलियों में
फूलों की कलियों में, अब बस खो जाना है
मुझे तो कुछ कर जाना है ......
नदियों की धार में, नौका की पतवार में
सागर की लहरों में, दो आँखो की पहर में,
दिल की गहराइयों में उतर, बस समा जाना है
मुझे तो कुछ कर जाना है.......
फूलों की सेज पर मुझे सोना नहीं है
कांटो में उलझ कर मुझे रोना नहीं है
चाहत मेरी है" शाह " कुछ कर जाना है
उम्मीदों के आसमान में ऊँचा उड़ जाना है
मुझे कुछ कर जाना है ......
जीवन के कठिन रास्तों पर डगमगाना नहीं है
मंजिल कितनी भी दूर क्यो ना हो अब घबराना नहीं हैं
हमने तो तारिख बनाने की हसरतें हैं दिल में पाली
ऐसे में क्या सोचते हो की पीछे मुड़ जाना है
मुझे तो कुछ कर जाना है.....

47. अफसानानिगारी

मैं नहीं जानता की आपकी हैसियत क्या
नहीं समझता की आपकी ऊँसियत क्या है
मैं हर अल्फाज को करीने से गढता हूँ
गर कोई बात ना हो तो दिल की बात करता हूँ
कोई अफसानानिगारी नहीं मैं हक़ की बात करता हूँ
जो दिल में आये मेरे वही से शुरुआत करता हूँ
मैं तो बस ज़माने के आम -ओ -खास की बात करता हूँ
खुलुश दिल में अपनो के लिए पैदा कर लेना "शाह "
क्योंकी मैं मुफलिशी के दरिया को पार करने की बात करता हूँ
जो बैठे हैं रास्तों पर उनको उठाने की बात करता हूँ
जो दिल मैं आ जाए मैं वही बात करता हूँ

48. कातिल दिल का

हर लम्हा प्यार का यूँ ही ना गुजर जाय
कही ये पल तेरे इंतजार में यूँ ही ना गुजर जाय
बहुत रातें गुजारी हैं उसने सिसकियों भरी करवटो वाली
तेरी यादों में ही ज़िन्दगी का हर पल यूँ ही ना गुजर जाय |
तेरे दीदार की उम्मीद लिए बैठा है वो हरपल
उसे उसकी ज़िन्दगी से मिला दे पल दो पल
मौत भी आती नहीं उसे तेरी याद में दिवाना है
तू ही फलक बस तू ही उसका आशियाना है |
अपने दामन में थोडी सी जगह उसे भी दे तू ज़रा
थोडी उम्मीद दे दे उसे, फिर कर लेना चाहे किनारा
उसकी यादों में केवल और केवल तुम ही बसे हो
उसका माजी भी तुम ही से, मुस्तकबिल भी तुम ही हो |

49. आग

दिल में लगी हो आग तो चिरागों को क्या जलाना,
अपनो से ही जब मिले जख्म तो गैरों को क्या आजमाना |
नफरत से जो दिल भरा हो उसमें, मोहब्बत का रंग ढूँढते हैं,
क्यों आप अपने जीने की वजह दूसरों में ढूँढते हैं |
वफ़ा से जो अपने बुलंद हैं उनकी हकीकत सब समझते हैं,
सागर की गहराई जो जानते हैं,वो लहरो से नहीं उलझते हैं |
जो अपनी हाथों में तकदीर, सितारों में किस्मत तलाशते हैं,
वो कामयाबी की राह देख कर भी मंजिल से भटक ज़ाते हैं |
जिनकी आँखों में खामोशी और चेहरे पर आशनाई झलकती है |
निगाहों से अपनी वो, दिल के सब ज़जबात समझते हैं |
मुफलिसी में गुजरी हैं जिनकी रातें वो क्या चमक जानते हैं |
जिनकी राहें कांटों से भरी हो "शाह "वही फूलों की कदर जानते हैं
|

50. विध्वंश

मुल्क की तस्वीर बदलने की बात करते हैं,
हर पल वो उसकी तदबीर से खेलने की बात करते हैं |
फिर धधके हैं शोले, धू-धू जलता जीवन सारा,
गूँज रही है धरती, सिहर रहा है आकाश हमारा |
लपलपाती ज्वाला, चहुँओर फैलता ये अंधियारा,
रूदन, विलापों से काँपता हृदय, बहती चारों ओर रक्तधारा ||
सोचता रहा मैं की कौन, कब, किससे है युद्ध में हारा,
आवाज यही आई, ये धरती और ये मानव जीवन हमारा |
अनाथ होते बच्चे, विस्मृत माताएँ, बहनें बहा रही होंगी अश्रुधारा,
चित्कारों में डूबती साँसे, सिसकियों में घूँटती ये वसुधा सारी ||
क्या खोया, क्या पाया, ढूँढता रह जायेगा मुस्तकबिल हमारा,
किसी का छूटता बचपन, किसी का यौवन, जगमगाता गलियारा |
पायेगा बर्बादियो के मंजर, आंसूओ के सैलाब और रक्त की धारा,
टूटते सपने, आँखे होगी नम, याद दिलाएगा इतिहास दुबारा ||